W0303771

Polnische Küche

Spezialitäten aus der Mitte Europas

G. Poggenpohl

Polnische Küche

Spezialitäten aus der Mitte Europas

EDITION XXL

Przedmowa

Vorwort

Polen – ein Land in der Mitte Europas!

Seine Ausdehnung reicht von der Ostsee bei Danzig bis Tarnow an der Grenze der Slowakischen Republik. Polen grenzt an Deutschland, Weißrussland und an die Ukraine; aus allen angrenzenden Ländern kommen auch die Einflüsse in der Esskultur.

Als die Landwirtschaft in Europa noch ein sehr wichtiger Wirtschaftszweig war, gehörte Polen zu den reichen Ländern. Reich bedeutete damals einen Überfluss an Nahrungsmitteln. Die Feste der polnischen Könige und Fürsten waren in Europa berühmt.

Die polnische Küche ist eine sehr üppige und gehaltvolle Küche, lecker und deftig, so wie wir es aus der guten alten Zeit kennen – nichts gegen die moderne, leichte Küche unserer Zeit!

Aber mal ehrlich: Wer würde sie denn verschmähen, die dampfenden, vollen Schüsseln mit Schweinefleisch, Sauerkraut, Wirsing usw., wenn da nicht die Figur wäre?

Ich denke, ab und an sollten wir uns das Vergnügen gönnen, nach Herzenslust zu schlemmen und die gute alte Zeit unserer Omas wieder aufleben zu lassen. Es tut auch Körper und Seele gut, wieder mal so richtig satt zu sein!

Dieses Kochbuch weckt sicher auch Erinnerungen bei denen, deren Eltern oder Großeltern früher in Polen oder in den angrenzenden Gebieten gelebt haben.

Wie auch immer, ich wünsche Ihnen viel Spaß und gemütliche Stunden beim Lesen, Kochen und Schlemmen!

Ihr G. Poggenpohl

Krupnik

Zutaten

100 g Graupen
2 Karotten
1 Zwiebel
1 Stange Lauch
200 g Sellerie
1 Lorbeerblatt
4 Stängel Liebstöckel
2 Cabanossi
1 l Fleischbrühe
1 EL Butterschmalz
Salz
Pfeffer

Zubereitung

1. Die Karotten schälen und in Scheiben schneiden. Den Lauch putzen, längs halbieren, waschen und in Streifen schneiden. Die Zwiebel schälen und fein hacken. Den Sellerie schälen und in 1 cm dicke Würfel schneiden. Den Liebstöckel abbrausen, die Blätter von den Stielen zupfen und vier davon für die Dekoration beiseite legen. Die Cabanossi in Scheiben schneiden.

2. Schmalz in einem Topf erhitzen, die Zwiebel darin andünsten, mit der Fleischbrühe aufgießen. Die Graupen, das Lorbeerblatt und den Liebstöckel zugeben, ca. 30 Minuten köcheln.

3. Die Karotten und den Sellerie in die Suppe geben und weitere 10 Minuten garen. Die Cabanossi zugeben und die Suppe mit Salz und Pfeffer abschmecken.

4. Die Suppe in Teller füllen und mit dem Liebstöckel garniert servieren.

Guten Morgen / Tag!	*Dzień dobry!*
Guten Abend!	*Dobry wieczór!*
Gute Nacht!	*Dobranoc!*

Graupensuppe

Kapuśniak

Zutaten

250 g Schweinebauch
2 Zwiebeln
1 Stange Lauch
2 Karotten
1 EL Öl
1 l Fleischbrühe
350 g Sauerkraut
1 große Kartoffel
Salz
Pfeffer

Zubereitung

1. Den Schweinebauch in 1 cm dicke Würfel schneiden. Die Zwiebeln schälen und hacken. Die Lauchstange putzen, längs halbieren, waschen und in Streifen schneiden. Die Karotten und die Kartoffel schälen und in feine Würfel schneiden.

2. Öl in einem Topf erhitzen. Das Schweinefleisch und die Zwiebeln darin anbraten.

3. Die Karotten und die Kartoffeln zugeben und mit der Fleischbrühe aufgießen. Das Ganze ca. 30 Minuten köcheln lassen.

4. Das Sauerkraut und den Lauch in die Suppe geben und noch ca. 10 Minuten garen. Die Suppe mit Salz und Pfeffer abschmecken.

Ja. / Nein. — *Tak. / Nie.*

Danke! / Bitte! — *Dziękuję! / Proszę!*

Vielleicht. — *Może.*

Sauerkrautsuppe

Zupa rybno-owocowa

Zutaten

600 g gemischtes Fischfilet (z. B. Seelachs, Rotbarsch, Kabeljau usw.)

100 g Backpflaumen

3 EL gehackte Mandeln

3 EL Rosinen

200 ml trockener Rotwein

750 ml Gemüsebrühe

1 Zitrone

Zucker

Salz

Pfeffer

Zubereitung

1. Den Fisch waschen, trockentupfen, von Haut und Gräten befreien und in mundgerechte Stücke schneiden.

2. Die Zitrone auspressen und die Fischstücke mit dem Zitronensaft vermischen. Die Backpflaumen grob hacken.

3. Die Brühe erhitzen, den Rotwein, die Backpflaumen, die Mandeln und die Rosinen zugeben und ca. 30 Minuten köcheln.

4. Die Fischstücke in die Brühe legen, ca. acht Minuten ziehen lassen und die Suppe mit Zucker, Salz und Pfeffer abschmecken.

Entschuldigung! *Przepraszam!*

Das tut mir Leid! *Bardzo mi przykro!*

Das ist mir egal! *To mi jest obojętne!*

Fruchtige Fischsuppe

Zupa kaparowa z klopsikami

Gebundene Kapernsuppe mit Fleischklößchen

Zutaten

20 g Butter
20 g Mehl
600 ml Brühe
1 kleines Glas Sardellenfilets
2 EL Kapern
1 Zitrone
1 Becher Crème fraîche
1 Eigelb
300 g Hackfleisch
1 altbackenes Brötchen
1 Ei
1 EL Mehl
1/2 Bund Petersilie
Muskat
Salz
Pfeffer

Zubereitung

1. Die Butter in einem Topf schmelzen, das Mehl darüber stäuben und anschwitzen. Unter Rühren die Brühe zugeben und aufkochen.

2. Die Sardellen und die Kapern in die Soße einrühren. Die Zitronenschale in die Soße reiben, die Crème fraîche und das Eigelb unterrühren. Die Zitrone auspressen, die Suppe mit dem Zitronensaft, Muskat, Salz und Pfeffer abschmecken.

3. Das Brötchen in lauwarmem Wasser ca. 10 Minuten einweichen. Die Petersilie abbrausen, ausschütteln, die Blätter von den Stielen zupfen und hacken.

4. Das Brötchen ausdrücken, mit dem Hackfleisch, dem Ei, dem Mehl und der Petersilie vermischen und mit Muskat, Salz und Pfeffer abschmecken.

5. Aus dem Hackfleisch 3 cm große Bällchen formen, sie in die Suppe einlegen und ca. 15 Minuten ziehen lassen.

Es ist sehr schön hier! *Tutaj jest bardzo ładnie!*
Sehr gut! *Bardzo dobrze!*
In Ordnung! *W porządku!*

Sałatka sledziowa z buraczkami

Zutaten

400 g eingelegte Heringsfilets oder Matjesfilets

300 g Rote Beete

200 g Senfgurken

1 Salatgurke

2 Äpfel

200 ml saure Sahne

2 EL Meerrettich

1 Bund Schnittlauch

Salz

Pfeffer

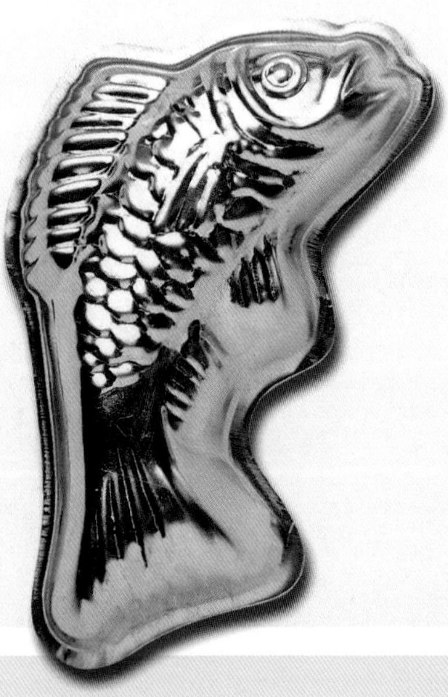

Zubereitung

1. Die Rote Beete unter fließendem Wasser abbürsten. In Salzwasser ca. 40 Minuten kochen. Wenn sie gar sind, abkühlen lassen, schälen und in Würfel schneiden.

2. Die Heringsfilets in mundgerechte Stücke teilen. Die Senfgurken aus dem Glas nehmen und in größere Stücke zerteilen. Die Salatgurke und die Äpfel waschen. Die Äpfel entkernen. Die Salatgurke und die Äpfel grob raspeln. Den Schnittlauch abbrausen und in Röllchen schneiden.

3. Alle Zutaten in eine Schüssel geben und mit der Sahne, dem Meerrettich und etwas Senfgurkenwasser vermischen.

4. Den Salat ca. 1 Stunde ziehen lassen, mit Salz und Pfeffer abschmecken.

5. Den Heringssalat mit Salzkartoffeln servieren.

Tipp: ***Wenn Sie eingelegte Salzheringe verwenden, müssen diese über Nacht gewässert werden!***

Wie geht es dir? — *Jak ci się powodzi?*

Es geht mir gut! — *Czuję się dobrze.*

Alles beim Alten! — *Wszystko po staremu!*

Heringssalat mit Roter Beete

Rolmopsy

Zutaten

12 in Salz eingelegte Heringsfilets

1 Karotte

1 Zwiebel

2 Essiggurken

2 EL Senf

200 ml Essig

600 ml Wasser

1 Lorbeerblatt

1 TL Senfkörner

1 Nelke

4 Pimentkörner

1 TL Pfefferkörner

Zubereitung

1. Die Heringsfilets über Nacht in Wasser einlegen.

2. Die Karotte putzen, schälen und in dünne Stifte schneiden. Die Zwiebel schälen, halbieren und in Streifen schneiden. Die Essiggurken in Streifen schneiden, danach in 3 cm lange Stifte teilen.

3. Das Wasser in einem Topf erhitzen und die Karottenstreifen ca. zwei Minuten darin kochen. Die Karottenstifte mit einer Schaumkelle aus dem Wasser nehmen und beiseite stellen.

4. Den Essig und die Gewürze in das Kochwasser geben und einmal aufkochen.

5. Die Heringsfilets aus dem Wasser nehmen, abstreifen und auf einem Brett auslegen, mit dem Senf bestreichen. Dann die Heringsfilets jeweils mit Karotten, Gurken und Zwiebeln belegen, zu Rollmöpsen zusammenrollen und mit einem Zahnstocher sichern.

6. Die Rollmöpse in ein Gefäß geben, mit dem Sud bedecken und ca. zwei Tage ziehen lassen.

Auf Wiedersehen!	*Do widzenia!*
Hallo! / Tschüss!	*Cześć!*
Bis bald!	*Na razie! / Do zobaczenia!*

Rollmöpse

Marynowana cielęcina

Zutaten

500 g Kalbfleisch
1 Zwiebel
100 g Sellerie
2 Karotten
1 l Buttermilch
1 Lorbeerblatt
1 TL Piment
2 EL Honig
200 ml trockener Weißwein
100 ml Weißweinessig
500 ml Wasser
Salz und Pfeffer

Für die Soße:
300 g Majonäse
50 ml saure Sahne
3 Essiggurken
100 g Champignons
40 g Kapern
1/2 Bund Petersilie
2 EL mittelscharfer Senf
1 TL Zucker
Salz und Pfeffer

Zubereitung

1. Das Kalbfleisch in der Buttermilch einlegen und mindestens 24 Stunden an einem kühlen Ort beizen.

2. Die Zwiebel und den Sellerie schälen und grob würfeln. Die Karotten putzen und in Stücke schneiden.

3. Das Wasser mit dem Weißwein, dem Lorbeerblatt und den Pimentkörnern in einem Topf zum Kochen bringen. Das Kalbfleisch aus der Milch nehmen, abwaschen und mit der Zwiebel, dem Sellerie und den Karotten in die Flüssigkeit legen, mit Salz und Pfeffer würzen und ca. 1 Stunde köcheln.

4. Den Topf vom Herd nehmen, den Weißweinessig und den Honig in den Kochsud einrühren und das Fleisch in der Flüssigkeit erkalten lassen.

5. Die Champignons putzen, die Essiggurken und die Kapern abtropfen lassen, die Petersilie abbrausen, ausschütteln und die Blätter von den Stielen zupfen und alles fein hacken.

6. Alle Zutaten mit der Majonäse und der Sahne vermischen, mit Senf, Zucker, Salz und Pfeffer abschmecken.

7. Das Fleisch aus dem Sud heben, in Scheiben schneiden und mit der Kapernsoße servieren.

Wie heißt du? *Jak się nazywasz?*
Woher kommst du? *Skąd pochodzisz?*
Wie alt bist du? *Ile masz lat?*

Mariniertes Kalbfleisch

Pasztet z królika

Kaninchenpastete

Zutaten

250 g nicht zu fetter Schweinebauch

400 g Kaninchenfleisch

200 g Geflügelleber

8 Scheiben durchwachsener Speck

2 Zwiebeln

1 Ei

1/2 Bund Petersilie

1 altbackenes Brötchen

100 g gehackte Walnüsse

Muskat

Salz

Pfeffer

Zubereitung

1. Das Brötchen im lauwarmen Wasser einweichen. Das Fleisch und die Leber in grobe Stücke zerteilen und durch die feine Scheibe eines Fleischwolfes drehen.

2. Die Zwiebeln schälen und sehr fein hacken. Die Petersilie abbrausen, ausschütteln, die Blätter von den Stielen zupfen und hacken.

3. Das Brötchen ausdrücken, in eine Schüssel geben, mit dem Ei, den Walnüssen und dem Fleisch vermischen. Die Masse mit Muskat, Salz und Pfeffer abschmecken.

4. Eine Terrinenform mit den Speckscheiben quer auslegen, sodass der Speck noch über den Rand hängt. Die Fleischmasse in die Terrinenform einfüllen und glatt streichen. Jetzt die Form kräftig aufstoßen und dann die Speckstreifen darüber zusammenlegen. Die Terrine mit einem Deckel verschließen.

5. In einen großen Topf so viel Wasser füllen, dass die Terrinenform nur 1/3 im Wasser steht. Die Pastete ca. 90 Minuten dämpfen.

6. Die Terrine aus dem Wasser nehmen, den Deckel mit einem Gegenstand beschweren und das Ganze erkalten lassen.

7. Die Kaninchenpastete stürzen, in Scheiben schneiden und auf Salat servieren.

Ich heiße Rico.	*Nazywam się Rico.*
Ich komme aus Deutschland.	*Pochodzę z Niemiec.*
Ich bin 29 Jahre alt.	*Mam 29 lat.*

Nadziewane kulebiaki

Zutaten

250 g Speisequark (40 %)
250 g Butter
300 g Mehl
1/2 TL Salz

Für die Fülle:
400 g Weißkraut
200 g geräucherter Speck
200 g frische Champignons
1 Zwiebel
1 EL Bratfett
Salz
Pfeffer
Milch zum Bestreichen

Zubereitung

1. Den Quark in eine Rührschüssel geben. Die Butter, das Mehl und das Salz zugeben und alles zu einem festen Teig verarbeiten. Den Teig ca. 30 Minuten an einem kühlen Ort ruhen lassen.

2. Das Weißkraut putzen, den Strunk entfernen und das Kraut in dünne Streifen schneiden. Die Champignons putzen und grob hacken. Die Zwiebel schälen und fein hacken. Den Speck in Würfel schneiden.

3. Das Bratfett in einem Topf schmelzen, den Speck und die Zwiebel darin anbraten. Das Weißkraut und die Champignons zugeben und ca. 10 Minuten garen. Mit Salz und Pfeffer abschmecken.

4. Den Teig auf einer bemehlten Arbeitsfläche ca. 3 mm dick ausrollen. Etwa 10 x 15 cm große rechteckige Stücke aus dem Teig schneiden. In die Mitte jeder dieser Teigplatten 1 gehäuften EL der Fülle geben, die Ränder mit Milch bestreichen und die Teigplatten zusammenklappen. Mit einer Gabel an den Rändern gut andrücken, sodass dort ein schönes Muster entsteht.

5. Die Teigtaschen auf ein Backblech legen, mit Wasser bestreichen und im vorgeheizten Backofen bei 180° C ca. 40 Minuten backen.

Sprichst du polnisch? *Mówisz po polsku?*
Nur wenig! *Tylko trochę.*
Ich spreche nur deutsch. *Mówię tylko po niemiecku.*

Gefüllte Quarkteig-Piroggen

Ozór wołowy w sosie chrzanowym

Zutaten

1 Rinderzunge
2 Karotten
1 Zwiebel
200 g Sellerie
1 Stange Lauch
3 Wacholderbeeren
1 TL Pfefferkörner
2 Lorbeerblätter

Für die Soße:

20 g Butter
20 g Mehl
400 ml Zungenbrühe
30 g frischer Meerrettich
1 EL Zitronensaft
4 EL Preiselbeeren
Zucker
Salz
Pfeffer

Zubereitung

1. Die Karotten, die Zwiebel, den Sellerie und den Lauch putzen, waschen und in grobe Stücke zerteilen.

2. Die Zunge waschen, mit dem Gemüse und den Gewürzen in kaltem Wasser aufsetzen. Das Ganze zum Kochen bringen, eventuell entstehenden Schaum abschöpfen, bei mittlerer Temperatur ca. 1 1/2 bis 2 Stunden köcheln.

3. Wenn die Zunge gar ist, aus dem Sud nehmen, mit kaltem Wasser abschrecken und die Haut von hinten nach vorne abziehen. Den Sud durch ein Sieb abschütten; er wird für die Soße verwendet.

4. Die Butter in einem Topf schmelzen, das Mehl darüber stäuben und anschwitzen. Unter Rühren die Zungenbrühe zugeben, aufkochen, den geriebenen Meerrettich und den Zitronensaft zugeben. Mit Zucker, Salz und Pfeffer abschmecken.

5. Die Rinderzunge in Scheiben schneiden und mit der Soße und jeweils einem Esslöffel Preiselbeeren servieren.

Was arbeitest du?	*Czym się zajmujesz?*
Ich habe zurzeit keine Arbeitsstelle.	*Teraz nie mam pracy.*
Ich studiere in Frankfurt.	*Studiuję we Frankfurcie.*

Rinderzunge in Meerrettichsoße

Pierogi z bryndzą i szpinakiem

Zutaten

250 g Mehl
2 Eier
3 EL Wasser
200 g Schafskäse
2 Knoblauchzehen
100 g frischer Spinat
1 Eiweiß
Muskat
Salz
Pfeffer

Zubereitung

1. Das Mehl sieben, mit Salz, Eiern und Wasser einen Nudelteig herstellen, eine Stunde ruhen lassen.

2. Die Knoblauchzehen schälen und fein hacken. Den Spinat verlesen, waschen und im heißen Wasser blanchieren, den Spinat fein schneiden. Den Schafskäse mit einer Gabel zerdrücken.

3. Alles miteinander vermischen und mit Muskat, Salz und Pfeffer würzen.

4. Den Nudelteig auf einer bemehlten Arbeitsfläche dünn ausrollen. Mit einem Maultaschenformer ausstechen, in die Vertiefung die Fülle geben, die Teigränder mit Eiweiß bestreichen und zusammendrücken.

5. Die Piroggen in reichlich Salzwasser ca. 10 Minuten köcheln. Aus dem Wasser nehmen und abtropfen lassen, mit Röstzwiebeln bestreut servieren.

Ich verstehe (das nicht).	*(Nie) rozumiem.*
Was heißt das auf Englisch?	*Co to znaczy po angielsku?*
Schreib mir das bitte auf!	*Proszę mi to napisać!*

Spinat-Schafskäse-Piroggen

Zapiekany kalafior

Überbackener Blumenkohl

Zutaten

1 Blumenkohl (etwa 1 kg)
200 g gekochter Schinken
4 Eier
250 g saure Sahne
200 g würziger Käse
Muskat
Salz
Pfeffer
Fett für die Form

Zubereitung

1. Den Blumenkohl putzen, waschen und in Röschen teilen. Die Kohlröschen in Salzwasser ca. fünf Minuten kochen. Durch ein Sieb abschütten.

2. Den Käse grob reiben. Die Eier mit der sauren Sahne und dem Käse vermischen, mit Muskat, Salz und Pfeffer würzen. Den Schinken in Würfel schneiden.

3. Eine Auflaufform einfetten, die Blumenkohlröschen hineingeben, den Schinken darüber streuen. Mit der Eier-Sahne-Käse-Mischung übergießen.

4. Im vorgeheizten Backofen bei 180° C etwa 15 Minuten backen.

Tipp: ***Dieses Rezept können Sie auch mit anderen Gemüsesorten variieren, z. B. mit Kohlrabi, Brokkoli, Rosenkohl, Schwarzwurzeln usw.***

Kannst du mir helfen? *Możesz mi pomóc?*

Was ist das? *Co to jest?*

Einen Moment, bitte! *Chwileczkę!*

Prażynka

Zutaten

800 g Rindfleisch
500 g Kartoffeln
200 g Sellerie
2 Zwiebeln
2 Knoblauchzehen
500 ml Wasser
1/2 Bund Majoran
1 Lorbeerblatt
2 Nelken
1 TL Kümmel
1 TL Rosenpaprika
2 EL Bratfett
Salz
Pfeffer

Zubereitung

1. Das Rindfleisch waschen und in 2 cm große Würfel schneiden. Die Zwiebeln und die Knoblauchzehen schälen und hacken. Den Sellerie schälen und in kleine Würfel schneiden. Den Majoran abbrausen, ausschütteln und fein hacken. Die Kartoffeln schälen, in 1 cm große Würfel schneiden und in kaltes Wasser legen, damit sie nicht braun werden.

2. Das Bratfett in einem Topf erhitzen und das Rindfleisch darin anbraten. Wenn das Rindfleisch schön braun ist, Zwiebeln und Knoblauch zugeben, ca. drei Minuten mitbraten.

3. Das Paprikapulver darüber stauben und mit dem Wasser auffüllen. Die Gewürze zugeben und alles ca. 30 Minuten köcheln.

4. Die Kartoffelstücke und den Majoran in den Schmortopf geben und weitere 20 Minuten garen. Den Schmortopf mit Salz und Pfeffer abschmecken.

Wo ist das?	*Gdzie to jest?*
Geradeaus. / Zurück.	*Prosto. / Z powrotem.*
Nach rechts / links.	*Na prawo / lewo.*

Schmortopf

Bigos

Sauerkrauttopf

Zutaten

500 g Schweinefleisch
200 g durchwachsener Speck
4 Cabanossi
2 Zwiebeln
500 g Sauerkraut
500 g Wirsing
1 Lorbeerblatt
2 Knoblauchzehen
250 ml Brühe
2 EL Öl
Salz
Pfeffer

Zubereitung

1. Die Zwiebeln und den Knoblauch schälen und hacken. Den Wirsing putzen und in Streifen schneiden. Das Schweinefleisch in 2 cm große Würfel teilen. Den Speck in kleine Würfel und die Wurst in Scheiben schneiden.

2. Das Öl in einem Topf erhitzen, das Fleisch und den Speck darin anbraten. Die Zwiebeln, das Lorbeerblatt und den Knoblauch zugeben, ca. drei Minuten braten.

3. Das Sauerkraut ausdrücken und zu dem Fleisch geben, mit der Brühe aufgießen und alles ca. 40 Minuten köcheln.

4. Nach ca. 30 Minuten der Garzeit den Wirsing und die Wurst zugeben und unterrühren. Den Eintopf mit Salz und Pfeffer abschmecken.

Tipp: ***Der Eintopf sollte zwar saftig sein, aber nicht zu viel Flüssigkeit enthalten. Er schmeckt besonders intensiv, wenn er eine Zeit lang gestanden hat.***

Was machst du morgen?	*Co robisz jutro?*
Treffen wir uns heute Abend?	*Spotkamy się dzisiaj wieczorem?*
Ich möchte dich einladen.	*Chcę ciebie zaprosić.*

Fasolówka

Zutaten

100 g weiße Bohnen
100 g Wachtelbohnen
150 g durchwachsener Speck
1 Stange Lauch
2 Karotten
100 g Sellerie
2 Zweige Bohnenkraut
1 Zwiebel
2 Knoblauchzehen
4 Paar Cabanossi
1,5 l Fleischbrühe
200 ml süße Sahne
1 EL Öl
Salz
Pfeffer

Zubereitung

1. Die Bohnen über Nacht in reichlich kaltem Wasser einweichen.

2. Den Speck in feine Würfel schneiden. Den Lauch putzen, längs halbieren, waschen und in Streifen schneiden. Die Karotten und den Sellerie schälen, den Sellerie in Würfel und die Karotten in Scheiben schneiden. Die Zwiebel und den Knoblauch schälen und fein hacken.

3. Das Öl in einem Topf erhitzen. Die Zwiebel und den Speck darin anbraten.

4. Die Bohnen abgießen, in den Topf geben, mit der Brühe auffüllen und ca. 1,5 Stunden köcheln. Das Gemüse und das Bohnenkraut in die Suppe geben, die Sahne unterruhren und 30 Minuten weitergaren.

5. Die Würstchen auf die Bohnensuppe legen, heiß werden lassen, die Suppe mit Salz und Pfeffer abschmecken, auf Teller verteilen und servieren.

Bist du alleine hier?	*Jesteś tutaj ♂ sam / ♀ sama?*
Möchtest du tanzen?	*Chcesz tańczyć?*
Ich möchte nur etwas trinken.	*♂ Chciałbym / ♀ Chciałabym się tylko czegoś napić.*

Bohneneintopf

Łazanki

Zutaten

700 g Wirsing
300 g durchwachsener Speck
1 Zwiebel
50 g Butter
150 ml Wasser
350 g Weizenmehl
2 Eier
2 EL Wasser
Salz
Pfeffer

Zubereitung

1. Das Mehl mit etwas Salz in eine Schüssel geben. In die Mitte des Mehls eine Einbuchtung drücken und Eier und Wasser zugeben. Alles zu einem glatten Teig verarbeiten, diesen in Klarsichtfolie einwickeln und ca. 20 Minuten ruhen lassen.

2. Den Wirsing putzen, waschen und in Streifen schneiden. Den Speck in grobe Würfel teilen. Die Zwiebel schälen und in Ringe schneiden.

3. Die Butter in einem Topf erhitzen. Die Zwiebel und den Speck darin andünsten, den Wirsing zugeben und mit dem Wasser aufgießen, ca. 10 Minuten kochen. Den Wirsing mit Salz und Pfeffer abschmecken.

4. Den Teig auf einer bemehlten Arbeitsfläche dünn ausrollen. Den Nudelteig in schmale Streifen schneiden und dann in Rechtecke. Die Nudelrechtecke in kochendem Salzwasser ca. fünf Minuten garen.

5. Das Wirsinggemüse mit den Nudeln vermischen und servieren.

Wo treffen wir uns?	*Gdzie się spotkamy?*
Was machen wir heute?	*Co robimy dzisiaj?*
Um wie viel Uhr?	*O której godzinie?*

Wirsingeintopf

Zapiekanka z kapusty włoskiej

Zutaten

700 g Wirsing
1 Stange Lauch
3 Scheiben Toastbrot
2 EL Butter
70 ml saure Sahne
3 Eier
Muskat
Salz und Pfeffer

Für den Belag:
50 g Butter
3 Scheiben Toastbrot
1/2 Bund Dill
2 Eier
Muskat
Salz und Pfeffer

Zubereitung

1. Den Wirsing und den Lauch putzen und waschen. Das Gemüse in einer Küchenmaschine zerkleinern.

2. Die Butter in einem Topf schmelzen und das Gemüse fünf Minuten darin braten.

3. Das Toastbrot in einer Küchenmaschine zerkleinern und mit dem Wirsing, dem Lauch, der Sahne und den Eiern vermischen. Mit Muskat, Salz und Pfeffer abschmecken.

4. Eine Springform ausbuttern, die Wirsingmischung hineingeben, festdrücken und mit Alufolie verschließen. Einen geeigneten Topf so mit Wasser füllen (einen Dämpfeinsatz verwenden), dass man die Torte darin dämpfen kann (sie darf nicht im Wasser stehen!). Die Torte ca. 40 Minuten dämpfen; wenn nötig, Wasser nachfüllen.

5. Für den Belag die Eier hart kochen, abpellen und klein hacken. Den Dill waschen und zerkleinern. Das Toastbrot in kleine Würfel schneiden.

6. Die Butter in einer Pfanne schmelzen und die Toastbrotwürfel darin anbräunen. Die Brotwürfel mit den gehackten Eiern und dem Dill vermischen, mit Muskat, Salz und Pfeffer würzen.

7. Die Wirsingtorte aus der Form nehmen, den Belag darüber verteilen und die Torte servieren.

Hast du heute Zeit?	*Masz dzisiaj czas?*
Wollen wir heute Abend zusammen essen?	*Zjemy dzisiaj razem kolację?*
Lass uns das zusammen machen!	*Zróbmy to razem!*

Gedämpfte Wirsingtorte

Klops nadziewany

Zutaten

1 kg Hackfleisch
2 altbackene Brötchen
2 Zwiebeln
3 Knoblauchzehen
1 Paprikawurst
1 Bund Petersilie
1 Ei
2 EL Butterschmalz
250 ml Fleischbrühe
Salz
Pfeffer

Für den Salat:
500 g Sauerkraut
2 Karotten
1 Zwiebel
2 EL Weißweinessig
3 EL Salatöl
Salz
Pfeffer

Zubereitung

1. Die Brötchen im lauwarmen Wasser einweichen. Die Zwiebeln und die Knoblauchzehen schälen und fein hacken. Die Petersilie abbrausen, ausschütteln, die Blätter von den Stielen zupfen und hacken.

2. Das Hackfleisch mit den ausgedrückten Brötchen, den Zwiebeln, dem Knoblauch, der Petersilie und dem Ei vermischen, mit Salz und Pfeffer abschmecken.

3. Aus der Hackfleischmasse einen Laib formen, in dem in der Mitte die Paprikawurst als Ganzes eingearbeitet ist.

4. Butterschmalz in einem Topf erhitzen und den Fleischlaib darin anbraten, mit der Fleischbrühe aufgießen, im Backofen bei 180° C ca. 90 Minuten garen und immer wieder mit Flüssigkeit begießen.

5. Die Karotten und die Zwiebel schälen, die Karotten fein raspeln und die Zwiebel hacken. Aus dem Sauerkraut, den Karotten, der Zwiebel, dem Essig und dem Öl einen Salat herstellen, mit Salz und Pfeffer abschmecken.

6. Den Hackbraten in Scheiben schneiden und auf dem Sauerkrautsalat servieren.

Ich habe schon etwas vor!	*Mam już coś zaplanowane!*
Ich warte auf jemanden.	*Czekam na kogoś.*
Ich weiß noch nicht.	*Jeszcze nie wiem.*

Gefüllter Hackbraten

Pulpety z kaszą

Hackfleischbällchen mit Graupen

Zutaten

500 g Rosenkohl
1 EL Butter
500 g Hackfleisch
200 g Graupen
1 Zwiebel
1 Ei
1/2 Bund Petersilie
150 g Semmelbrösel
2 EL Öl
Salz
Pfeffer

Zubereitung

1. Die Graupen in reichlich Salzwasser ca. 45 Minuten kochen und abschütten.

2. Die Zwiebel schälen und in kleine Würfel schneiden, die Petersilie abbrausen und ausschütteln, die Blätter von den Stielen zupfen und hacken.

3. Aus dem Hackfleisch, den Graupen, der Zwiebel, der Petersilie und dem Ei eine Fleischmasse herstellen und mit Salz und Pfeffer abschmecken. Aus der Fleischmasse ca. 5 cm dicke Bällchen formen und diese in den Semmelbröseln wälzen.

4. Butter in einem Topf schmelzen, den geputzten Rosenkohl hineingeben, mit etwas Wasser aufgießen und ca. 10 Minuten dünsten, mit Salz und Pfeffer würzen.

5. Öl in einer Pfanne erhitzen, die Fleischkugeln hineingeben, platt drücken und von beiden Seiten ca. fünf Minuten braten.

Wie viel kostet das?	*Ile to kosztuje?*
Ist das teuer?	*Jest to drogie?*
Das ist preiswert und gut!	*To jest tanie i dobre!*

Gulasz z dzika

Zutaten

700 g Wildschweingulasch
2 EL Bratfett
500 g Zwiebeln
250 g Champignons
2 Knoblauchzehen
4 EL Paprikapulver edelsüß
1 EL scharfes Paprikapulver
1 EL Senf
1/2 Bund Majoran
1/2 TL Kümmel
500 ml Fleischbrühe
500 ml helles Bier
Salz
Pfeffer

Zubereitung

1. Die Zwiebeln und die Knoblauchzehen schälen und in Würfel schneiden. Den Majoran abbrausen, ausschütteln und die Blätter von den Stielen zupfen. Die Champignons putzen und in Scheiben schneiden.

2. Das Bratfett in einem Topf erhitzen, die Zwiebeln hineingeben und anbraten, bis sie braun sind. Das Wildschweingulasch zu den Zwiebeln geben und ebenfalls kräftig anbraten.

3. Das Paprikapulver darüber streuen und mit der Fleischbrühe und dem Bier ablöschen.

4. Den Knoblauch, den Majoran, den Kümmel und den Senf darunter rühren, alles vermischen und bei geschlossenem Deckel ca. 60 Minuten köcheln.

5. 10 Minuten, bevor das Gulasch fertig ist, die Champignons zugeben und unterrühren.

6. Das Gulasch mit Salz und Pfeffer abschmecken und servieren.

Ist dieser Platz frei?	*Jest te miejsce wolne?*
Das ist mein Platz!	*To jest moje miejsce!*
Dieser Platz ist besetzt!	*To miejsce jest zajęte!*

Wildschweingulasch

Kotlet pożarski

Zutaten

500 g Bratenreste
1 Zwiebel
1 EL Butter
1/2 Bund Petersilie
1 Ei
3 EL Paniermehl
3 EL Butterschmalz
Salz
Pfeffer

Für die Panade:
2 Eier
150 g Paniermehl

Zubereitung

1. Die Bratenreste sehr fein hacken, oder, noch besser, in einer Küchenmaschine zerkleinern. Die Zwiebel schälen und in kleine Würfel hacken. Die Petersilie abbrausen, trockenschütteln und klein hacken.

2. Die Butter in einer Pfanne schmelzen und die Zwiebel darin anbraten.

3. Aus den Bratenresten, den Zwiebelwürfeln, der Petersilie, dem Ei und dem Paniermehl eine Masse herstellen, mit Salz und Pfeffer abschmecken.

4. Aus der Masse vier gleich große Schnitzel formen. Die Panade herrichten und die Schnitzel panieren.

5. Butterschmalz in einer Pfanne erhitzen und die Schnitzel darin von beiden Seiten goldbraun braten.

Mir ist schlecht!	*Czuję się źle!*
Hast du ein Mittel gegen Kopfschmerzen?	*Masz tabletki od bólu głowy?*
Öffnest du bitte das Fenster?	*Możesz otworzyć okno?*

Falsche Schnitzel

Szynka w cieście

Zutaten

1 kg Roggenmehl
42 g frische Hefe
500 ml Wasser
1 Prise Zucker
1 TL Salz
1 kg Kasseler

Zubereitung

1. Die Hefe mit einer Prise Zucker im lauwarmen Wasser auflösen. Aus der Hefemischung, dem Roggenmehl und dem Salz einen Hefeteig herstellen und an einem warmen Platz gehen lassen.

2. Wenn der Teig die doppelte Größe erreicht hat, nochmals durchkneten und auf einer bemehlten Arbeitsfläche ausrollen. Das Stück Kasseler darauf setzen und mit dem Teig ummanteln.

3. Aus dem restlichen Teig Streifen schneiden und sie dekorativ auf den Schinken legen.

4. Ein Backblech mit Backpapier auslegen und den Schinken im Teigmantel so darauf setzen, dass die Naht unten ist. Den Teig mit Wasser bestreichen und im vorgeheizten Backofen bei 180° C ca. 90 Minuten garen.

5. Den Schinken aus dem Ofen nehmen, leicht abkühlen lassen, in Scheiben schneiden und servieren.

Tipp: ***Dazu schmeckt eine Meerrettichsoße.***

Bist du sehr müde?	*Jesteś bardzo ♂ zmęczony / ♀ zmęczona?*
Du kannst hier gerne übernachten!	*Możesz tutaj przenocować!*
Deine Wohnung gefällt mir!	*Podoba mi się twoje mieszkanie!*

Schinken im Teigmantel

Szaszłyki w owocowej marynacie

Zutaten

500 g Schweinefilet
200 g Räucherspeck
150 g Backpflaumen
50 g Mandeln
8 Schalotten
2 Zweige Rosmarin
1 Zweig Salbei
3 EL Honig
3 EL Tomatenmark
3 EL Rotweinessig
150 ml Wasser
2 EL Bratfett
Salz
Pfeffer

Zubereitung

1. Das Schweinefleisch in 3 cm dicke Stücke schneiden. Den Räucherspeck in Scheiben und dann in Stücke schneiden.

2. Die Mandeln mit kochendem Wasser übergießen, etwas warten und dann die Haut entfernen. Die Backpflaumen mit je einer Mandel füllen. Die Schalotten schälen und vierteln.

3. Abwechselnd Fleisch, Speck, Zwiebeln und Backpflaumen auf Spieße stecken und diese in eine geeignete Schüssel legen.

4. Das Wasser etwas erhitzen, den Rotweinessig, das Tomatenmark und den Honig einrühren. Den Rosmarin und den Salbei auf die Spieße legen und die Marinade darüber gießen.
Das Ganze ca. 1–2 Stunden marinieren.

5. Die Spieße aus der Marinade nehmen, abtropfen lassen, mit Salz und Pfeffer würzen.

6. Bratfett in einer Pfanne erhitzen, die Spieße von allen Seiten darin anbraten und mit der Marinade aufgießen. Die Spieße ca. 10 Minuten in der Flüssigkeit garen.

Möchtest du einen Espresso?	*Chcesz espresso?*
Ich hätte gerne eine Tasse Kaffee.	*♂ Chciałbym / ♀ Chciałabym filiżankę kawy.*
Ein Glas Mineralwasser, bitte!	*Proszę szklankę wody mineralnej!*

Fruchtige Fleischspieße

Duszony zając

Zutaten

1 Hase, ca. 1,5 kg (kann auch ein Kaninchen sein)

250 g Feigen

4 EL Mehl

2 EL Butterschmalz

500 ml herber Rotwein

Für das Gemüse:

600 g Rote Beete

3 Äpfel

300 ml Fleischbrühe

2 EL Butter

2 EL Mehl

1 Zitrone

Salz

Pfeffer

Zubereitung

1. Den Hasen küchenfertig machen und zerteilen. Mit Salz und Pfeffer würzen und mit Mehl bestäuben.

2. Butterschmalz in einem Topf erhitzen und die Hasenteile kräftig anbraten. Den Rotwein zuschütten, die Feigen zugeben und bei geschlossenem Deckel ca. 90 Minuten dünsten.

3. Die Hasenteile aus der Soße nehmen, die Soße mit Salz und Pfeffer abschmecken. Die Hasenteile wieder in die Soße legen.

4. Die Rote Beete mit einer Bürste säubern und in reichlich Salzwasser ca. 45 Minuten kochen.

5. Die Rote Beete aus dem Wasser nehmen, etwas abkühlen lassen, schälen und in Stifte schneiden. Die Äpfel unter heißem Wasser waschen und bis auf das Kerngehäuse raspeln.

6. Die Butter in einem Topf schmelzen, das Mehl einstäuben, mit der Brühe aufgießen und einmal aufkochen. Die Rote Beete und die geraspelten Äpfel in die Soße geben und mit Zitronensaft, Salz und Pfeffer abschmecken.

7. Den Hasenbraten auf dem Gemüse servieren.

Danke für die Einladung!	*Dziękuję za zaproszenie!*
Guten Appetit!	*Smacznego!*
Zum Wohl!	*Na zdrowie!*

Gedünsteter Hase

Pieczeń z jagnięcia

Zutaten

1 kg Lammfleisch
1 l Buttermilch
1 Karotte
1 Zwiebel
2 Knoblauchzehen
1/2 Stange Lauch
2 Zweige Rosmarin
2 EL Bratfett
500 ml Fleischbrühe
Salz
Pfeffer

Für das Gemüse:
2 Salatgurken
1 Zwiebel
1 Bund Schnittlauch
1 EL Butter
1 Becher saure Sahne
Zucker
Salz
Pfeffer

Zubereitung

1. Das Lammfleisch in eine Schüssel legen, mit der Buttermilch übergießen und ca. 24 Stunden beizen.

2. Die Karotte, die Zwiebel und die Knoblauchzehen schälen und grob zerteilen. Den Lauch halbieren, waschen und in 3 cm dicke Stücke schneiden.

3. Das Lammfleisch aus der Buttermilch nehmen, abspülen, trockentupfen und mit Salz und Pfeffer würzen.

4. Das Bratfett in einem Topf erhitzen und das Lammfleisch von allen Seiten darin anbraten. Das Gemüse um das Fleisch herum verteilen, den Rosmarin dazugeben und mit der Fleischbrühe aufgießen. Im vorgeheizten Backofen bei 180° C ca. 60 Minuten garen, ab und zu begießen.

5. Die Gurken schälen, halbieren, entkernen und in Scheiben schneiden. Die Zwiebel schälen und fein hacken, den Schnittlauch abbrausen und in Röllchen schneiden.

6. Die Butter in einem Topf schmelzen, die Zwiebel darin anbraten und die Gurkenstücke zugeben, ca. zwei Minuten schmoren und mit der sauren Sahne aufgießen.

7. Das Gurkengemüse mit Zucker, Salz und Pfeffer abschmecken. Den Schnittlauch unterziehen und das Gemüse zu dem aufgeschnittenen Lammbraten servieren.

Wann ist das Essen fertig?	*Kiedy jedzenie będzie gotowe?*
Ich habe großen Hunger!	*Jestem bardzo ♂ głodny / ♀ głodna.*
Das riecht sehr gut!	*To pachnie bardzo dobrze!*

Lammbraten

Nadziewana gęś

Gefüllte Gans

Zutaten

1 Gans
4 altbackene Brötchen
250 ml Milch
3 Äpfel
50 g Rosinen
2 Eier
1 Bund Petersilie
100 g Honig
2 EL Bratfett
Muskat
Salz
Pfeffer

Zubereitung

1. Die Gans waschen, evtl. Innereien entfernen und innen und außen mit Salz und Pfeffer würzen.

2. Die Brötchen in Würfel schneiden, die Milch erhitzen und über die Brötchenwürfel gießen. Die Äpfel unter heißem Wasser abwaschen, vierteln, entkernen und in grobe Stücke hacken. Die Petersilie abbrausen, trockenschütteln und klein hacken.

3. Aus den eingeweichten Brötchen, den Apfelstücken, den Rosinen, den Eiern und der Petersilie eine Masse herstellen, mit Muskat, Salz und Pfeffer abschmecken.

4. Die Gans mit der hergestellten Masse füllen und mit Zahnstochern verschließen.

5. Das Bratfett in einem großen Bräter schmelzen, die Gans hineinsetzen und im Backofen bei 160° C, je nach Größe, ca. 3–4 Stunden garen. Die Gans während der Garzeit mit Honig einpinseln und immer wieder mit dem austretenden Fett übergießen.

6. Die Gans zerteilen, die Füllung vorsichtig herausnehmen und in Scheiben schneiden.

Was möchtest du essen / trinken?	*Co chcesz zjeść / pić?*
Ich esse gerne Wild / Geflügel / Rind.	*Jem chętnie dziczyznę / drób / wołowinę.*
Ich trinke gerne Wein / Bier / Mineralwasser.	*Piję chętnie wino / piwo / wodę mineralną.*

Ragout z gęsi z sosem grzybowym

Zutaten

750 g Gänsekeulen

400 g Pilze (Steinchampignons, Steinpilze, Pfifferlinge usw.)

1 Karotte

1 Zwiebel

1/2 Stange Lauch

1/2 Bund Petersilie

4 Pimentkörner

2 Lorbeerblätter

2 EL Butter

2 EL Mehl

250 ml süße Sahne

Salz

Pfeffer

Zubereitung

1. Die Pilze putzen und in Scheiben schneiden. Die Karotte und die Zwiebel schälen und grob zerteilen. Den Lauch längs halbieren, waschen und in 3 cm dicke Ringe schneiden. Die Petersilie abbrausen, trockenschütteln und hacken.

2. Die Gänsekeulen und das vorbereitete Gemüse mit den Kräutern in einen Topf geben, mit so viel Wasser aufgießen, dass alles bedeckt ist. Die Gänsekeulen ca. 60 Minuten köcheln.

3. Wenn die Gänsekeulen gar sind, sie aus der Flüssigkeit nehmen, das Fleisch von den Knochen lösen und in mundgerechte Stücke zerteilen.

4. Die Butter in einem Topf schmelzen, das Mehl darüber stäuben und mit der Hälfte der Kochflüssigkeit aufgießen.

5. Das Gänseklein und die Pilze in die Soße geben, die Sahne unterrühren und mit Salz und Pfeffer abschmecken.

6. Das Gänseragout mit Reis servieren.

Ich esse kein Fleisch. — *Nie jem mięsa.*

Ich trinke keinen Alkohol. — *Nie piję alkoholu.*

Dagegen bin ich allergisch. — *Mam na to alergią.*

Gänseragout mit Pilzsoße

Perliczka po staropolsku

Perlhuhn auf altpolnische Art

Zutaten

1 Perlhuhn
10 Hagebutten (wenn vorhanden)
1 Karotte
1/2 Stange Lauch
1 Zweig Salbei
2 EL Bratfett
200 ml herber Weißwein
150 g Hagebuttenmarmelade
Salz
Pfeffer

Zubereitung

1. Das Perlhuhn waschen, trockentupfen, außen und innen mit Salz und Pfeffer kräftig würzen.

2. Die Karotte schälen und in etwas dickere Scheiben schneiden. Den Lauch längs halbieren, waschen und grob zerteilen.

3. Das Bratfett in einem Topf erhitzen und das Perlhuhn von allen Seiten anbraten.

4. Die Hagebutten, die Hagebuttenmarmelade, die Karottenscheiben, den Salbei und den Lauch zugeben, mit dem Weißwein aufgießen und bei 180° C im Backofen ca. 60 Minuten garen.

5. Das Perlhuhn aus dem Topf nehmen, zerteilen und mit dem Gemüse und der entstandenen Soße auf einer Platte anrichten und servieren.

Möchtest du noch etwas hiervon?	*Chcesz jeszcze trochę tego?*
Ja, gerne!	*Tak, chętnie!*
Danke, ich bin satt!	*Dziękuję, jestem ♂ syty / ♀ syta.*

Kaczka na dziko

Zutaten

1 Ente
40 g Bratfett
Salz
Pfeffer

Für die Beize:
200 g Wurzelwerk (Karotten, Sellerie, Lauch)
5 Wacholderbeeren
5 Pfefferkörner
5 Pimentkörner
2 Nelken
1 Lorbeerblatt
250 ml Weinessig
500 ml Wasser

Zubereitung

1. Die Ente waschen, eventuell noch vorhandene Innereien entfernen.

2. Das Wurzelwerk putzen, gegebenenfalls schälen und grob zerkleinern. Die Gewürze mit einem breiten Messer zerdrücken.

3. Das Wasser mit den Gewürzen aufkochen, etwas abkühlen lassen, den Essig unterrühren. Die Ente in ein geeignetes Gefäß legen, das Wurzelwerk zugeben und mit der Beize übergießen. **Die Ente sollte je nach Alter 1–2 Tage in der Beize liegen, dabei die Ente mehrmals wenden.**

4. Die Ente aus der Beize nehmen, trockentupfen und mit Salz und Pfeffer würzen.

5. Das Bratfett in einem Bräter verteilen, die Ente darauf setzen. Mit einem Schaumlöffel das Wurzelwerk aus der Beize nehmen und zu der Ente geben. Die Hälfte der Beize zugießen und die Ente im vorgeheizten Backofen bei 160° C ca. zwei Stunden garen. Die restliche Beize immer wieder zugeben bzw. die Ente damit übergießen.

Tipp: ***Wenn Sie die Ente schön knusprig haben wollen, erhöhen Sie die letzten 10 Minuten die Temperatur auf 200° C.***
Zu der Ente schmeckt Rotkohl mit Äpfeln oder Rotkohlsalat.

Das Essen schmeckt sehr gut!	*To jedzenie smkuje bardzo dobrze!*
Noch ein Glas Weiß- / Rotwein?	*Jeszcze lampką białego / czerwonego wina?*
Danke, ich bevorzuge Bier.	*Dziękuję, wolę bardziej piwo.*

Ente auf Wildart

Karp po polsku

Zutaten

1 Karpfen, ca. 2 kg
2 Karotten
100 g Sellerie
4 Schalotten
200 g in Scheiben geschnittener, durchwachsener Speck
2 Zitronen
50 g Butter
50 g Honig
200 ml Weißwein
Salz
Pfeffer

Zubereitung

1. Die Zitronen halbieren und auspressen. Den Karpfen waschen, eventuelle Schuppen entfernen.

2. Den Fisch in der Bauchhöhle mit dem Zitronensaft bestreichen und mit Salz und Pfeffer würzen.

3. Die Karotten, den Sellerie und die Schalotten schälen und grob zerkleinern.

4. In den Bauch des Karpfens eine geeignete Tasse stellen, sodass er stehen bleibt. Den Fisch so in eine Auflaufform stellen, mit Honig einpinseln und die Speckstreifen darüber legen. Das Gemüse in der Auflaufform verteilen und alles mit Salz und Pfeffer würzen. Die Butter und den Wein zugeben und das Ganze im vorgeheizten Backofen bei 160° C ca. 45 Minuten garen.

Tipp: *Der Karpfen ist gar, wenn seine Augen weiß sind bzw. wenn man die Rückenflosse herauszieht und kein Fleisch daran hängen bleibt.*

Das Essen macht durstig!	*Po tym jedzeniu mam pragnienie!*
Ich möchte gerne noch hiervon.	*♂ Chciałbym / ♀ Chciałabym jeszcze trochę tego.*
Das ist ganz besonders gut!	*To jest szczególnie dobre.*

Polnischer Karpfen

Duszony karp

Karpfen gedünstet

Zutaten

1 Karpfen, ca. 2 kg
2 Schalotten
1 Karotte
2 Zitronen
1 Lorbeerblatt
50 g Rosinen
2 Scheiben Schwarzbrot
2 EL Honig
350 ml Wasser
350 ml trockener Weißwein
2 EL Butter
Salz
Pfeffer

Zubereitung

1. Den Karpfen unter fließendem Wasser waschen, etwas abtropfen lassen, mit dem Saft einer Zitrone beträufeln und mit Salz und Pfeffer würzen.

2. Die Schalotten schälen und vierteln. Die Karotte putzen und grob zerkleinern. Eine Zitrone längs halbieren und in Spalten schneiden. Das Brot in kleine Würfel schneiden.

3. Die Butter in einem Bräter schmelzen, die Schalotten, die Karotte und die Brotwürfel darin anbraten.

4. Mit Wasser und Wein ablöschen. Die Zitrone, das Lorbeerblatt, die Rosinen und den Honig dazugeben und mit Salz und Pfeffer würzen.

5. Den Karpfen auf einen Dämpfeinsatz legen und in den Bräter stellen. Ca. 20 Minuten bei geschlossenem Deckel dünsten.

6. Den Karpfen aus dem Topf nehmen, die Soße durch ein Sieb abschütten, mit Salz und Pfeffer würzen und zu dem Karpfen reichen.

Rauchst du?	*Palisz?*
Ich rauche nicht mehr.	*Już nie palę.*
Stört es dich, wenn ich rauche?	*Przeszkadza tobie, jeśli zapalę?*

Szczupak po żydowsku

Zutaten

700 g Hecht
1 Ei
400 g Crème fraîche
250 g süße Sahne
2 EL gestoßenes Eis
2 Rote Beete
Salz
Pfeffer

Zubereitung

1. Die Rote Beete abbürsten und im Salzwasser ca. 40 Minuten kochen, abkühlen lassen und in Würfel schneiden.

2. Eine längliche Pastetenform mit Butter ausstreichen und in den Kühlschrank stellen.

3. Das Hechtfleisch klein schneiden, in einen Mixer geben, nach und nach das Ei, die Crème fraîche, die Sahne und das Eis zugeben und alles fein pürieren. Wenn eine Farce entstanden ist, diese durch ein feines Sieb in eine Schüssel streichen und mit Salz und Pfeffer abschmecken.

4. Die Pastetenform halb mit der Fischfarce füllen, die Rote-Beete-Würfel in der Mitte längs darauf verteilen und den Rest der Farce darüber geben. Die Pastetenform ein paar Mal kräftig auf die Arbeitsplatte der Küche aufstoßen (dient zum Entfernen aller Hohlräume und Luftblasen).

5. Einen Bräter zur Hälfte mit Wasser füllen, die Pastetenform mit einem Deckel oder Alufolie abdecken und in das Wasser setzen. Im vorgeheizten Backofen bei 180° C ca. 35 Minuten garen.

6. Die Pastetenform aus dem Wasserbad nehmen, erkalten lassen.

7. Die Pastete stürzen, aufschneiden und auf Salat mit Sahnemeerrettich servieren.

Ich mache gerade eine Diät.	*Jestem teraz na diecie.*
Das ist ganz schön scharf / süß / sauer!	*To jest bardzo ostre / słodkie / kwaśne!*
Ist das vegetarisch?	*Jest to bezmięsne? / Jest to po wegetarjańsku?*

Hecht auf jüdische Art

Kluski z makiem

Zutaten

1 Packung Mohnback
2 EL Butter
3 EL Honig
1/2 TL Zimt

Für den Teig:
350 g Weizenmehl
2 Eier
150 ml Wasser
Salz

Zubereitung

1. Das Mehl mit etwas Salz in eine Schüssel geben. In die Mitte des Mehls eine Einbuchtung drücken, Eier und Wasser zugeben. Alles zu einem glatten Teig verarbeiten. Den Teig in Klarsichtfolie einwickeln und ca. 20 Minuten ruhen lassen.

2. Den Teig auf einer bemehlten Arbeitsfläche dünn ausrollen. Den Nudelteig in schmale Streifen schneiden. Die Nudeln in kochendem Salzwasser ca. fünf Minuten garen.

3. Die Butter in einem Topf schmelzen. Das Mohnback, den Honig und den Zimt zugeben.

4. Wenn sich der Honig verflüssigt hat, die gekochten Nudeln untermengen und servieren.

Etwas mehr, bitte! — *Proszę trochę więcej!*

Kann ich davon etwas probieren? — *Mogę tego trochę spróbować?*

Was kannst du mir empfehlen? — *Co możesz mi zalecić?*

Mohnnudeln

Faworki

Zutaten

100 g Weizenmehl
30 g Butter
2 Eigelb
1 EL Wasser
Öl zum Frittieren
Puderzucker zum Bestreuen

Zubereitung

1. Das Mehl in eine Schüssel sieben, die Butter einarbeiten und mit dem Eigelb und dem Wasser so verkneten, dass ein glatter Teig entsteht. Diesen anschließend 20 Minuten ruhen lassen.

2. Den Teig auf einer bemehlten Arbeitsfläche dünn ausrollen, in 3–4 cm breite Streifen schneiden, diese dann wieder in 10 cm lange Stücke teilen.

3. Jeden Teigstreifen nehmen und entlang der Mitte einen Schlitz einschneiden, ein Ende des Teiges durch den Schlitz führen und flach drücken, sodass ein kleiner Knoten entsteht.
Die fertigen Teigknoten mit Klarsichtfolie oder einem feuchten Tuch abdecken, damit sie vor dem Frittieren nicht austrocknen!

4. Öl auf ca. 180° C erhitzen und die Teigknoten goldbraun frittieren.

5. Das fertige Schmalzgebäck auf Küchenpapier abtropfen lassen und mit Puderzucker bestreut servieren.

Tipp: *Diese Spezialität schmeckt sowohl lauwarm als auch kalt sehr gut.*

Ich brauche eine Gabel / ein Messer / einen Löffel.	*Potrzebuję widelec / nóż / łyżkę.*
Mit Milch, aber ohne Zucker, bitte!	*Z mlekiem, ale bez cukru, proszę.*
Hast du Salz und Pfeffer?	*Masz sól i pieprz?*

Schmalzgebäck

Kołacz

Zutaten

1 kg Mehl
70 g Hefe
20 g Zucker
500 ml Milch
3 Eier
6 Eigelb
250 g Zucker
250 g Butter
1 Ei zum Bestreichen
30 g gehackte Walnüsse

Für die Fülle:

1 kg Quark (40 %)
100 g Zucker
2 Eier
100 g Rosinen
Zitronensaft
100 g Biskuits

Zubereitung

1. Die Milch auf ca. 30° C erwärmen, etwas Zucker und die Hefe hineingeben, verrühren und so lange stehen lassen, bis Blasen entstehen.

2. Das Mehl in eine Schüssel sieben und mit der Hefemilch, den Eiern, dem Eigelb, dem Zucker und der Butter zu einem Teig verarbeiten. Diesen an einem warmen Ort so lange gehen lassen, bis die doppelte Menge entstanden ist.

3. Den Quark in eine Schüssel geben, die Biskuits zerbröseln, mit dem Zucker, den Eiern und den Rosinen vermischen, mit Zitronensaft abschmecken.

4. Wenn der Teig so weit aufgegangen ist, dass die doppelte Menge entstanden ist, aus der Schüssel nehmen und nochmals verkneten. Den Teig teilen, einen Teil ausziehen und eine ausgefettete Springform damit auslegen.

5. Die Quarkmasse in die Springform geben.

6. Aus dem restlichen Teig fingerdicke Röllchen formen und den Kuchen damit belegen. Mit verquirltem Ei bestreichen und die Walnüsse darüber streuen.

7. Im vorgeheizten Backofen bei 180° C ca. 50 Minuten backen.

Hörst du gerne Musik beim Essen?	*Słuchasz chętnie muzyki przy jedzeniu?*
Ich liebe klassische / Popmusik.	*Uwielbiam klasyczną popularną muzykę.*
Ist die Musik zu laut / leise?	*Jest za głośno / cicho?*

Hefe-Quarkkuchen

Babka drożdżowa

Hefekuchen

Zutaten

500 g Mehl
25 g Hefe
100 ml Milch
100 g Zucker
100 g Rosinen
50 g Zitronat
100 g gehackte Mandeln
2 Eier
4 Eigelb
100 g Butter

Zubereitung

1. Die Milch auf ca. 30° C erwärmen, etwas Zucker und die Hefe hineingeben, verrühren und so lange stehen lassen, bis Blasen entstehen.

2. Das Mehl in eine Schüssel sieben und mit der Hefemilch, den Eiern, dem Eigelb, dem Zucker, den Rosinen, dem Zitronat, den Mandeln und der Butter zu einem Teig verarbeiten. Diesen an einem warmen Ort so lange gehen lassen, bis die doppelte Menge entstanden ist.

3. Wenn der Teig die doppelte Menge erreicht hat, aus der Schüssel nehmen, nochmals verkneten. Eine längliche Rolle formen und eine Gugelhupfform damit füllen.

4. Den Teig in der Form nochmals ca. 20 Minuten gehen lassen. Im vorgeheizten Backofen bei 175° C ca. 60 Minuten backen.

Mir ist etwas kalt. *Jest mi trochę zimno.*

Hier ist es sehr warm! *Tutaj jest bardzo ciepło!*

So ist es angenehm! *Tak jest przyjemnie!*

Piernik

Zutaten

350 g Mehl
200 g Honig
1 Messerspitze gemahlene Nelken
1/2 geriebene Muskatnuss
1 TL Zimt
1 Ei
50 g Butter
2 TL Backpulver
50 g Zucker
50 g Orangeat
50 g Rosinen
50 g gehackte Haselnüsse

Zubereitung

1. Den Honig mit den Nelken, der Muskatnuss und dem Zimt erhitzen und so lange kochen, bis er braun wird.

2. Das Mehl in eine Schüssel sieben und mit dem Honig, der Butter, dem Ei, dem Backpulver, dem Zucker, dem Orangeat, den Rosinen und den Haselnüssen zu einem Teig verarbeiten.

3. Den Teig in eine ausgefettete Backform füllen und im vorgeheizten Backofen bei 180° C ca. 60 Minuten backen.

Mir ist es etwas zu dunkel / hell. — *Mi jest trochę za ciemno / jasno.*

Wo ist die Toilette? — *Gdzie jest tutaj ubikacja?*

Ist hier dein Schlafzimmer? — *Tutaj jest twoja sypialnia?*

Honigkuchen

Register

© 2004 SAMMÜLLER KREATIV GmbH

Genehmigte Lizenzausgabe
EDITION XXL GmbH
Reichelsheim 2004
www.edition-xxl.de

Gestaltung und Satz: Rico Cofani
Fotos: Food in Wort und Bild, Sigmarszell
Küche: Corinna Brunner
Food-Assistentin: Caterina Marx

ISBN 3-89736-143-4

Wir danken Małgorzata Gorzynska, Christine Schlander und Rafael Winter für ihre freundliche Hilfestellung im Zusammenhang mit der polnischen Sprache.

Der Inhalt dieses Buches ist von Autor und Verlag sorgfältig erwogen und geprüft. Eine Haftung für Personen-, Sach- und/oder Vermögensschäden kann nicht übernommen werden.